RECHT und MEDIZIN

E. Baader

Honorarkürzung und Schadensersatz wegen unwirtschaftlicher Behandlungs- und Verordnungsweise im Kassenarztrecht

Springer-Verlag
Berlin Heidelberg New York Tokyo 1983

Dr. Emil Baader
Richter am Bundessozialgericht
Graf-Bernadotte-Platz 5
3500 Kassel

ISBN-13:978-3-540-12497-9 e-ISBN-13:978-3-642-82069-4
DOI: 10.1007/978-3-642-82069-4

Vorwort

Der sozialgerichtliche Prozeß, bei dem es um Honorarkürzungen und Schadensersatzforderungen wegen unwirtschaftlicher kassenärztlicher Behandlungs- und Verordnungsweise geht, wirft besondere Probleme auf. Dies nicht nur deshalb, weil die (regelmäßige) Grundlage des Prüfungssystems, nämlich die wirtschaftliche Beurteilung der ärztlichen Tätigkeit anhand statistischer Vergleiche, schon ihrer Natur nach umstritten sein wird, sondern auch deshalb, weil ein solcher Prozeß besondere Fragen und damit auch Unsicherheiten hinsichtlich der Beweisanforderungen und der Darlegungslast der Beteiligten mit sich bringt. Mit der vorliegenden Arbeit wird der (konzentrierte) Versuch unternommen, diesen Problemstoff aus dem Ganzen des Verfahrens zu analysieren und seine Einzelheiten in einen systematischen Zusammenhang zu bringen, die sich ergebenden Rechtsfragen grundsätzlich zu vertiefen und die bisherige Rechtsprechung entsprechend einzuordnen. Damit soll den mit derartigen Prozessen Befaßten – Richtern, Beteiligten (Ärzte, Kassenärztliche Vereinigungen, Krankenkassen) und Rechtsanwälten – eine Orientierungshilfe zur Bewältigung dieses schwierigen Verfahrens gegeben werden.

Kassel, März 1983 E. Baader

Inhaltsverzeichnis

A. Grundlagen

1. Das Wirtschaftlichkeitsgebot

Der im Bereich der gesetzlichen Krankenkassen (– Orts-, Betriebs-, Innungs- und landwirtschaftliche Krankenkassen –) an der kassenärztlichen Versorgung teilnehmende Arzt darf nach § 368 e S 2 RVO solche „Leistungen, die für die Erzielung des Heilerfolges nicht notwendig oder unwirtschaftlich sind, nicht bewirken oder verordnen". Dieselbe Verpflichtung ergibt sich für den Ersatzkassenbereich (– Arbeiter- und Angestellten-Ersatzkassen –) aus dem Arzt-Ersatzkassenvertrag (EKV) vom 20.7. 1963 (§ 1 Ziff 5, § 2 Ziff 2). Sie besteht auch bei der Versorgung in der knappschaftlichen Krankenversicherung (nach dem Vertrag zwischen der Bundesknappschaft und der kassenärztlichen Bundesvereinigung über die ärztliche Versorgung der bei der Bundesknappschaft Versicherten und ihrer anspruchsberechtigten Angehörigen vom 18.6. 1970 in der Fassung vom 30.1. 1980).

2. Organe der Durchsetzung

Nach § 368 n Abs 4 S 1 RVO gehört die „gesetz- und vertragsgemäße Durchführung der kassenärztlichen Versorgung" und „die Überwachung der kassenärztlichen Tätigkeit" zu den Angelegenheiten der kassenärztlichen Vereinigungen; und gemäß Abs 5 S 1 dieser Vorschrift errichten die Kassenärztlichen Vereinigungen Prüfungs- und Beschwerdeausschüsse zwecks „Überwachung der Wirtschaftlichkeit der kassenärztlichen Versorgung im einzelnen". Entsprechend § 368 n Abs 2 S 3 RVO, wonach die Kassenärztlichen Vereinigungen „weitere Aufgaben der ärztlichen Versorgung, insbesondere für die Ersatzkassen und für andere Träger der Sozialversicherung übernehmen können“, haben diese Vereinigungen ähnliche Prüfungs- und Beschwerdekommissionen aber auch im Bereich der Ersatzkassen eingerichtet (§ 15 EKV); und in § 10 des genannten Knappschaftsvertrages heißt es, daß die Kassenärztliche Vereinigung durch die für die kassenärztliche Versorgung eingerichteten Prüfungs- und Beschwerdeausschüsse die Behandlungs- und Verordnungsweise der Ärzte auf Notwendigkeit und Wirtschaftlichkeit überwacht und hierbei die für sie geltenden Prüfbestimmungen anwendet.

3. Honorarkürzung und Schadensersatz

Nach § 368f Abs 1 RVO verteilt die Kassenärztliche Vereinigung die (von der Krankenkasse empfangene) Gesamtvergütung unter die Kassenärzte, wobei sie Art und Umfang der Leistungen des Kassenarztes zugrunde zu legen hat. Da sich der Anspruch des Arztes auf einen Teil des Gesamthonorars nur nach demjenigen Leistungsumfang richten kann, der einer gesetzesgemäßen Behandlung entspricht, schuldet die Kassenärztliche Vereinigung einen Gesamthonoraranteil nur insoweit, als die Leistungen des Arztes dem Wirtschaftlichkeitsgebot entsprechen. Soweit ein höherer Honoraranteil ausbezahlt worden ist, steht der Kassenärztlichen Vereinigung ein Rückforderungsanspruch zu, der auch im Wege der Aufrechnung durchsetzbar ist. Die Bestimmung des § 14 Ziff 1 S 2 EKV, wonach die Prüfungskommission „ggf. bei der Festsetzung des dem Vertragsarzt *zustehenden* Honorars Abstriche vorzunehmen“ (Kursivdruck vom Verfasser) habe, ist daher mißverständlich formuliert. Sie bedeutet, daß die Kommission den vom Arzt (entsprechend seiner Abrechnung) geforderten Honoraranteil insoweit zu reduzieren berechtigt ist, als dieser Anteil das Wirtschaftlichkeitsgebot und damit den gesetzlichen Umfang übersteigt. In dem nach § 368g Abs 3 RVO geschlossenen Bundesmantelvertrag in der Fassung vom 28. 8. 1978 heißt es dementsprechend unter § 34, daß die Prüfung der ärztlichen Leistungen ua den Zweck habe, „die Honoraranforderungen ärztlich nach Maßgabe der in § 368e RVO bestimmten Erfordernissen zu überprüfen und ggf Abstriche an den Honoraranforderungen vorzunehmen“ und daß, wenn sich im Rahmen einer solchen Prüfung „die Notwendigkeit einer rechnerischen oder einer gebührenordnungsmäßigen Richtigstellung" ergebe, die Prüfungseinrichtungen der Kassenärztlichen Vereinigung hierüber entscheiden könnten. Hinsichtlich der ärztlichen Verordnungen wird in § 17 Ziff 4 EKV gesagt, daß die Prüfungskommission bei Überschreitung des Wirtschaftlichkeitsgebotes festzulegen habe, in welcher Höhe der Vertragsarzt den Vertragskassen Schadensersatz zu leisten habe. Entsprechend heißt es in § 34 Abs 1 Ziff d des Bundesmantelvertrages, daß die Prüfung der ärztlichen Leistungen ua den Zweck habe, „über die von den Krankenkassen gestellten Regreßforderungen wegen unwirtschaftlicher Verordnungsweise zu entscheiden".

Die Honorar- und Schadensersatzbescheide der Prüfungsgremien sind Verwaltungsakte, die vor den Sozialgerichten angefochten werden können (§ 51 Abs 2 S 1 SGG).

B. Unwirtschaftlichkeit als unbestimmter Rechtsbegriff

1. Unwirtschaftlichkeit der Behandlung

Nach § 368f Abs 1 S 4 RVO sind bei der Verteilung der Gesamtvergütung unter die Kassenärzte „Art und Umfang der Leistungen des Kassenarztes zugrunde zu legen". Obwohl dem Kassenarzt eine Vergütung, wie oben ausgeführt, nur insoweit zusteht, als seine Leistungen dem Wirtschaftlichkeitsgebot entsprechen, kommt der Berechnung allein nach Art und Umfang der Leistungen – also ohne Rücksicht auf deren Wirtschaftlichkeit – doch eine prozessuale Eigenbedeutung zu. Der Umstand, daß die tatsächlich erbrachten Leistungen des Arztes die gesetzliche Berechnungsgrundlage für seine Vergütung abgeben, macht jedenfalls deutlich, daß im Rechtsstreit – trotz seiner, wie noch auszuführen sein wird, weitgehenden Darlegungslast – letztlich nicht dem Kassenarzt die Beweislast für die Wirtschaftlichkeit seiner Leistungen obliegt, sondern der Gegenseite die Beweislast für deren Unwirtschaftlichkeit. Ist im Einzelfall – nach Erfüllung der beiderseitigen Darlegungspflichten – also nicht mehr zu klären, ob die Voraussetzungen einer unwirtschaftlichen Behandlungsweise vorliegen, so hat dies die Kassenärztliche Vereinigung mit der Folge zu tragen, daß eine Honorarkürzung rechtlich ausgeschlossen ist. Dies zeigt, daß der eine Honorarkürzung legitimierende allgemeine Rechtssatz dahin lautet: Dem Kassenarzt steht eine Vergütung nicht zu, soweit seine Leistungen unwirtschaftlich waren.

Wir haben es hier also mit dem unbestimmten Rechtsbegriff der Unwirtschaftlichkeit zu tun. Wie bei jedem Rechtsbegriff gibt es auch hier konkrete Einzelfälle (hier: ärztliche Leistungen), die eindeutig dem Begriff zuzuordnen sind bzw ihm eindeutig nicht zugehören. Der dazwischen liegende Bereich mangelnder Eindeutigkeit ist beim unbestimmten Rechtsbegriff besonders breit. Ob einzelne ärztliche Leistungen also unwirtschaftlich sind oder nicht, ist in vielen Fällen unsicher. Das bedeutet, daß in einer Vielzahl von Fällen (im Zentrum dieses Unsicherheitsfeldes) eine Zuweisung besonders schwierig und argumentativ anfechtbar ist. In diesem Kernbereich hermeneutischer Unsicherheit einen „Beurteilungsspielraum" zu sehen – vgl die wohl mißverständliche Formulierung in BSGE 17, 79, 88 – muß Bedenken begegnen. Gewiß handelt es sich hier um ein Feld, in dessen Bereich widerstreitende Argumentationen kaum vermeidbar sind. Das kann aber nicht bedeuten, daß der Behörde gegenüber den Gerichten ein Beurteilungsspielraum insoweit eingeräumt wäre, als es um die Feststellung der Unwirtschaftlichkeit geht (– womit nur die erste Verfahrensstufe, nicht die nächste Stufe der Feststellung des Mehrbetrages und nicht die weitere Stufe der Feststellung der Honorarkürzung bzw des Schadensersatzbetrages gemeint ist –). Denn der Begriff „Unwirtschaftlichkeit" unterliegt der vollen gerichtlichen Nachprüfung (BSGE 17, 84, letzte Zeile). Selbst dann, wenn die Gerichte gegenüber der Verwaltung sich darauf beschränken zu sagen, daß die vorgenommene Zuordnung bzw Nichtzuordnung des Einzelsachverhalts zum Begriff (hier: Unwirtschaftlichkeit) noch im Rahmen des rechtlich Zulässigen liege, so lassen sie es zwar offen, wo die Grenzen der Subsumtion zu ziehen sind, entscheiden aber doch darüber, ob der Sachverhalt in seiner konkreten Ausprägung die richtige Zuordnung erfahren hat; denn auch dann, wenn der Richter dahin argumentiert, daß die Subsumtion „nicht falsch" sei, so urteilt er damit doch gleichzeitig – ohne freilich eine generelle Abgrenzung vorzunehmen – über deren konkrete Richtigkeit (anders dort, wo er, wie beim Ermessensspielraum, nur über die Einhaltung der Rahmenrichtigkeit zu urteilen hat, zur Beurteilung der materiellen Einzelfall-Richtigkeit aber gerade nicht aufgerufen ist). Volle gerichtliche Nachprüfung bedeutet hier also die gerichtliche Letztentscheidung im konkreten Einzelfall. Eine andere Frage ist die, ob dem Revisionsgericht eine vom Tatsachengericht (1. bzw. 2. Instanz) getroffene Feststellung zu überprüfen deshalb verwehrt ist, weil der Feststellung keine über den Einzelfall hinausgehende normative Wirkung zukommt; auch wenn bei der Anwendung eines zwar unbestimmten, aber gerichtlich voll überprüfbaren Rechtsbegriffs eine vom Tatsachengericht aufgeworfene Frage also deshalb, weil ihm der regelhaft-normative Charakter fehlt, nicht *revisibel* ist, bleibt die volle gerichtliche Überprüfbarkeit im oben genannten Sinne, nämlich iS gerichtlicher Letztentscheidung im konkreten Einzelfall, doch bestehen, so daß die Überprüfbarkeit iS einer gerichtlichen Letztentscheidung im konkreten Einzelfall von der Überprüfbarkeit iS der Revisibilität streng zu unterscheiden ist.

2. Unwirtschaftlichkeit der Verordnung

Während also die Unwirtschaftlichkeit der *Behandlung* den Umfang der von der Kassenärztlichen Vereinigung geschuldeten Vergütung bestimmt, führt die die Unwirtschaftlichkeit der *Verordnung* zu einem Schadensersatzanspruch gegen den Kassenarzt (vgl hierzu auch § 35 des Bundesmantelvertrages). Der diesem Anspruch zugrunde liegende Rechtssatz lautet hier: Der Kassenarzt ist zum Ersatz des Schadens verpflichtet, den er der Kasse (schuldhaft) durch eine unwirtschaftliche Verordnung zugefügt hat. Auch insoweit haben wir es also mit dem unbestimmten Rechtsbegriff der Unwirtschaftlichkeit zu tun. Die Beweislast obliegt auch hier, wie oben dargelegt, nicht dem Arzt, sondern der Gegenseite.

C. Rechtliche Prüfung der Unwirtschaftlichkeit

I. Einzelfallprüfung

Da es sich bei der Unwirtschaftlichkeit im vorgenannten Sinne immer nur um eine solche von konkreten ärztlichen Einzelleistungen handelt, kann die direkte Methode bei ihrer Überprüfung nur darin bestehen, bei dem einzelnen Fall selbst anzusetzen und ihn auf die Kriterien des Unwirtschaftlichen – was immer man darunter zu verstehen hat – zu untersuchen. Schon hier erscheint aber der Hinweis angezeigt, daß auch bei dieser direkten Methode entsprechende Feststellungen nur durch Vergleiche anhand von Erfahrungssätzen – regelmäßig also von speziellen ärztlichen Erfahrungen – getroffen werden können. Ob zur Krankheitsdiagnose eines Arztes in einem bestimmten Einzelfall nur *eine* Röntgenaufnahme notwendig, eine zweite also unwirtschaftlich war, hängt weitgehend vom (speziellen) Erfahrungswissen einer Vielzahl von Ärzten ab, ohne das jene Frage überhaupt nicht zu beantworten wäre.

II. Prüfung anhand des statistischen Vergleichs

Eine indirekte Methode zum Nachweis der Unwirtschaftlichkeit besteht darin, die durchschnittlichen Behandlungs- bzw Verordnungskosten pro Fall (= pro überhaupt behandeltem Patienten) des geprüften Arztes zu berechnen und damit die bei vergleichbaren Kassenärzten entstandenen Fallkosten zu vergleichen. Dabei ist es denkbar, daß die Fallkosten des Arztes die durchschnittlichen Fallkosten derart übersteigen, daß man daraus unbedenklich auf eine unwirtschaftliche Behandlungs- bzw Verordnungsweise schließen kann. Eine solche Methode ist von großem praktischen Vorteil. Indem sie die Einzelfallprüfung erspart, kann sie nicht nur auf ein – häufig gar nicht mehr

mögliches – Wiederaufrollen des einzelnen Falles verzichten, sie erlaubt es auch, das oben erwähnte, zur Objektivierung des Begriffs Unwirtschaftlichkeit heranzuziehende ärztliche Erfahrungswissen durch relativ einfache Zahlenstatistiken aufzugreifen und zu verwerten. Soweit logische Bedenken gegen den Schluß von der Fallkostendifferenz auf die Unwirtschaftlichkeit mit der Begründung geltend gemacht werden, daß die zum statistischen Vergleich herangezogenen Kassenärzte möglicherweise selbst unwirtschaftlich gehandelt haben könnten, greifen diese nicht durch. Abgesehen davon, daß eine Behandlung und Versorgung, die unter dem Gesichtspunkt hoher Effizienz und geringer Kosten vorgenommen wird, sich mit den Regeln der ärztlichen Kunst und auch mit dem subjektiven Eigeninteresse der Ärzte weithin decken dürfte, kann dieser Einwand nur für das *Ausmaß* der Unwirtschaftlichkeit von Bedeutung sein; mit anderen Worten: mit dem eigenen unwirtschaftlichen Handeln der vergleichbaren Ärzte wird die Unwirtschaftlichkeit der Handlungsweise des geprüften Arztes weder beseitigt noch in ihrem Ausmaß reduziert, sondern nur noch vergrößert.
Die genannte, von den Prüforganen angewandte statistische Methode ist vom Bundessozialgericht in zahlreichen Entscheidungen gebilligt worden (vgl ua BSGE 11, 102; 17, 79; 19, 123; 46, 136). Das Bundesverfassungsgericht hat sie verfassungsrechtlich nicht beanstandet (Beschluß vom 29.5. 1978, Az 1BvR 951/77, SozR 2200, § 368e Nr 3).

1. Vergleichbarkeit der Praxen

Die Berechnung der Fallkostendifferenz kann freilich nur dann unbedenklich sein und eine sachgerechte Aussage enthalten, wenn die Leistungsbedingungen des überprüften Arztes mit den Leistungsbedingungen der bei der Statistik berücksichtigten Ärzte vergleichbar sind. Das Problem ist also ein solches von Identität und Diversität. Da die Leistungsbedingungen des überprüften Arztes nur mit sich selbst voll identisch sind und andere Praxen einen schwankenden Anteil der Verschiedenartigkeit aufweisen können, kommt es bei der Auswahl einer angemessenen Vergleichsgruppe darauf an, welche Praxiseigenschaften – mindestens – bei dem Vergleich identisch sein müssen und welche Praxisbesonderheiten demgegenüber (zwar berücksichtigt werden *können,* weil jede weitere Berücksichtigung den

Deckungsbereich der Identitäten vergrößert und damit ein exakteres Berechnungsergebnis ermöglicht, aber) jedenfalls insoweit nicht berücksichtigt zu werden brauchen, als es um die Grundfrage geht, ob die statistische Vergleichsmethode überhaupt als rechtlich zulässig anzusehen ist, um damit das – noch weiter darzulegende – Prüfungssystem durchführen zu können. Da wir es hier mit dem (ungeschriebenen) unbestimmten Rechtsbegriff „Vergleichbarkeit" zu tun haben, wird auch deutlich, daß in einer relativ breiten Übergangszone zwischen beiden Bereichen (– was muß identisch sein, was kann differieren –) sich die Zuordnungskriterien nur schwer gegeneinander abgrenzen lassen.

Zur Gleichartigkeit der Praxen gehört in erster Linie derselbe Fachbereich. Die Wirtschaftlichkeit der Behandlungs- und Verordnungsweise des Arztes ist daher grundsätzlich an den durchschnittlichen Fallkosten seiner Fachkollegen zu messen. Dabei ist es gleichgültig, wie weit der Grad der Spezialisierung reicht. Darüber hinaus stellt sich die Frage, ob auch besondere Behandlungs- bzw Untersuchungsmethoden eine entsprechende Auswahl der Vergleichsgruppe erforderlich machen. Das BSG hat in seinem Urteil vom 15.4. 1980 – Az 6 RKa 5/79 – zum Ausdruck gebracht, daß dies nur dann der Fall ist, wenn die Behandlungsmethode nach ärztlichem Berufsrecht zum Führen einer Zusatzbezeichnung berechtigt (BSGE 50, 85 – keine Einengung der Vergleichsgruppe auf anthroposophisch orientierte Ärzte –). In einem Fall, wo der Kläger als homöopathisch orientierter Arzt mit anderen homöopathischen Ärzten verglichen worden war, hatte das BSG in dem Urteil vom 29.5. 1962 – Az 6 RKa 24/59 – es nicht für erforderlich angesehen, daß wegen der vom Kläger geltend gemachten speziellen Behandlungs- und Untersuchungsmethode der Kreis von homöopathisch orientierten Ärzten weiter eingeengt werde auf solche Ärzte, die (zwar im Rahmen der Homöopathie, aber doch) nach einer speziellen Methode behandeln bzw untersuchen.

2. Vergleichbarkeit der Leistungen

Darüber hinaus gehört es aber auch zur Vergleichbarkeit, daß die Fallkostendifferenz nicht anhand der Leistungen insgesamt, sondern anhand spezieller Leistungssparten ermittelt wird (BSG 17, 79,

Urteil vom 29.5. 1962 – Az 6 RKA 24/59 –: „Wenn die für einzelne Leistungsarten ermittelten durchschnittlichen Honorarforderungen ...“). Denn erst dadurch werden verschiedene Leistungen – sofern sie nämlich in sich schwerpunktmäßig überhaupt zusammengehören – unter dem Gesichtspunkt ihrer Gleichartigkeit zusammengefaßt, wird ihre Vergleichbarkeit (durch Zunahme von Identität) optimiert. Als solche Leistungssparten, die demnach verschiedene konkrete Leistungen unter dem Gesichtspunkt zentraler Identitäten zusammenfassen, kommen etwa in Betracht: Beratungen, Besuche, Röntgenleistungen, Laborleistungen etc. Von den Prüfungsgremien wird die Berechnung der Fallkostendifferenz vielfach in der Weise vorgenommen, daß nur solche Ärzte zum Vergleich herangezogen werden, welche die von dem zu prüfenden Arzt erbrachten einzelnen – also nicht nur gruppenmäßig zusammengefaßten – Leistungen ebenfalls erbringen (vgl. Heinz, Wirtschaftlichkeitsprüfungen kassenärztlicher Tätigkeit, Deutsches Ärzteblatt 1979, S 1251, 1256). Da bei einem solchen Vergleich die Gleichartigkeit der einander gegenübergestellten Sachverhalte wesentlich größer ist, das Maß ihrer Teilidentität gegenüber dem oben behandelten Vergleich also erheblich vergrößert und damit die annähernde Richtigkeit der errechneten Fallkostendifferenz verbessert wird, ist dieses Vorgehen als Ausgangsverfahren einer Honorarkürzung bzw eines Schadensersatzanspruches jedenfalls rechtlich unbedenklich. Darüber, ob es auch notwendig sein könnte, wurde bisher nicht entschieden.

3. Zusammenfassung

Die Methode des statistischen Vergleichs ist als Ausgangsverfahren einer Honorarkürzung bzw der Geltendmachung eines Schadensersatzanspruches wegen unwirtschaftlicher Behandlungs- bzw Verordnungsweise rechtlich dann zulässig, wenn Sparten von in sich gleichartigen Leistungen des zu prüfenden Arztes ebensolchen Leistungssparten einer statistisch hinreichenden Anzahl solcher Ärzte (zwecks Errechnung der Fallkostendifferenz) gegenübergestellt werden, die demselben Fachgebiet wie der zu prüfende Arzt angehören und die nach ärztlichem Berufsrecht ebenso wie er zum Führen derselben, eine besondere Behandlungsmethode ausweisenden Zusatzbezeichnung berechtigt sind.

III. Der Schluß auf die Unwirtschaftlichkeit

Soll diese statistische Methode die Berechnung der Fallkostendifferenz und damit den Schluß auf das Vorliegen bzw Nichtvorliegen unwirtschaftlicher Leistungen ermöglichen, dann muß von der Rechtsprechung auch bestimmt werden, bei welchen Überschreitungen und unter welchen prozessualen Voraussetzungen dieser Schluß gerechtfertigt ist.

1. Normale Streuung

Wie das BSG in dem Urteil vom 15.5. 1963 – AZ 6 RKa 21/60 – ausgeführt hat, muß jede solche Durchschnittsbetrachtung „eine angemessene Streuung und demgemäß eine entsprechende Abweichung nach oben als noch innerhalb der Norm liegend gelten lassen" (BSGE 19, 123, 128). Überschreitet der Arzt die durchschnittlichen Fallkosten der Vergleichsgruppe nur um wenige Prozent, ist also ein Schluß auf eine unwirtschaftliche Behandlungs- bzw Verordnungsweise nicht gerechtfertigt. Eine Unwirtschaftlichkeit kann hier allenfalls durch die direkte Prüfungsmethode – anhand des konkreten Behandlungsfalles (vgl oben Ziffer I) – festgestellt werden. Bis zu welchem Prozentsatz dieser Bereich einer normalen Streuung reicht, wurde von der Rechtsprechung bisher nicht festgelegt. In dem Urteil vom 15.5. 1963 – Az 6 RKa 21/60 – hat das BSG Überschreitungen von 15 bis 40% schon zum nachfolgenden Übergangsbereich, also nicht mehr zum normalen Streuungsbereich gerechnet (BSGE 19, 123, 128). Und in dem Urteil vom 26.4. 1978 – Az 6 RKa 10/77 – hat es die Annahme der beklagten Kassenärztlichen Vereinigung, eine Abweichung um 20% sei noch als normal anzusehen, dahingestellt sein lassen (BSGE 46, 136, 138). Man wird aber davon ausgehen können, daß der Übergang zum nächsten Bereich (– vgl unten Ziffer 2 –) bei einer etwa 20-prozentigen Überschreitung liegt. Eine genauere Abgrenzung zwischen beiden Bereichen ist indessen deshalb kaum erforderlich, weil die Rechtsprechung, wie noch auszuführen sein wird, auch bei Überschreitungen, die im nachfolgenden Bereich liegen, einen wenn auch nur beispielhaften Nachweis der Unwirtschaftlichkeit anhand einzelner konkreter Behandlungs- bzw Verordnungsfälle verlangt. Berücksichtigt man, daß eine Überschreitung, die allenfalls am Beginn des nachfolgenden Mittelfeldes liegt, jedenfalls eine größere Zahl beispielhafter Einzelnachweise erfordert als eine höhere, am Ende des Mittelfeldes liegende Überschreitung, so wird deutlich, daß es hier für eine genaue Abgrenzung kaum ein praktisches Bedürfnis gibt.

2. Das Mittelfeld

Liegt die Überschreitung in der Zone zwischen dem Bereich normaler Streuung und dem Bereich einer offensichtlichen Unwirtschaftlichkeit, so kann noch nicht ohne weiteres auf eine Unwirtschaftlichkeit geschlossen werden (BSGE 46, 136, 138 = Urteil vom 26.4. 1978, Az 6 RKa 10/77). Es ist vielmehr, wie das BSG hierzu weiter ausgeführt hat, erforderlich, aber im allgemeinen auch ausreichend, daß die Unwirtschaftlichkeit anhand einer die Behandlungs- oder Verordnungsweise des Kassenarztes „genügend beleuchtenden Zahl von Beispielen" (BSGE 19, 123 = Urteil vom 15.5. 1963, Az 6 RKa 21/60) nachgewiesen werde. Der Bereich zwischen der Normalstreuung und dem offensichtlichen Mißverhältnis läßt sich daher dahin bestimmen, daß bei ihm *noch nicht* – wie im Bereich des offensichtlichen Mißverhältnisses – allein aufgrund der Höhe der Fallkostendifferenz auf die Unwirtschaftlichkeit geschlossen werden kann, sondern daß hier weitere (wahrscheinlichkeitserhöhende und damit beweisverstärkende) Indizien nötig sind, um den genannten Schluß zu rechtfertigen. Das bedeutet aber auch, daß je näher die Überschreitungszahl am normalen Streubereich liegt, desto größer der zusätzliche Beweiswert der konkreten Einzelbeispiele sein muß, um – sei es durch ihre Vielzahl oder unabhängig davon durch ihren einzelnen, relativ hohen Indizienwert – den Schluß auf die Unwirtschaftlichkeit zu ermöglichen.

3. Offensichtliches Mißverhältnis

Bei welcher prozentualen Überschreitungszahl der Bereich des offensichtlichen Mißverhältnisses beginnt, läßt sich nicht generell bestimmen. Das würde voraussetzen, die Bedingungen jedes Einzelfalles im Voraus übersehen und generalisieren zu können. Das ist unmöglich.

In seinem Urteil vom 26.4. 1978 – Az 6 RKa 10/77 – hat das BSG eine Durchschnittsdifferenz von 53% als offensichtliches Mißverhältnis angesehen, weil diese Überschreitung beim Kläger nicht vereinzelt aufgetreten sei, sondern dadurch „ein zusätzliches Gewicht“ erhalten habe, daß sie in einer Linie mit „deutlich steigender Tendenz“ gestanden habe (BSGE 46, 136, 139f). Bei einer Überschreitung um mehr als 100% liegt jedenfalls ein solches Mißverhältnis vor (BSGE 46, 145, 149). Das offensichtliche Mißverhältnis rechtfertigt ohne weiteres den Schluß auf eine unwirtschaftliche Behandlungs- bzw Verordnungsweise (BSGE 17, 79; 46, 136).

IV. Einwendungen des Arztes

Auf der Grundlage der Zulässigkeit der statistischen Vergleichsmethode und der Angemessenheit der oben dargelegten Überschreitungsgrenzen kann jede denkbare Einwendung des Arztes gegen die Feststellung der Unwirtschaftlichkeit, wenn sie rechtlich schlüssig sein will, nur darin bestehen, Tatsachen vorzutragen, die geeignet sind, die Durchschnittsfallkosten zu senken bzw die Kostendifferenz zu verringern. Insofern lassen sich solche (schlüssigen) Einwendungen des Arztes auf folgende Grundmuster zurückführen:

a) Der Vergleich enthalte *Berechnungsfehler* zu seinen Lasten.
b) Die von der Rechtsprechung geforderten *Mindestbedingungen des Vergleichs* seien nicht eingehalten (wozu auch die Einwendung gehört, die Anzahl der Ärzte seiner Vergleichsgruppe sei statistisch nicht ausreichend).
c) Zwar erreichten die Durchschnittskosten der untersuchten Leistungsart (– gemessen an der Zahl aller seiner Behandlungsfälle –) die von den Prüfungsgremien ermittelte (über dem normalen Streubereich liegende) Zahl; bei anderen (nicht zu dieser Leistungsart gehörenden) Leistungen liege er jedoch unter der Durchschnittskostenzahl der entsprechenden Leistungen der vergleichbaren Ärztegruppe, wobei zwischen seinen Mehraufwendungen und seinen Minderaufwendungen ein kausaler Zusammenhang bestehe, sodaß die festgestellte Durchschnittskostendifferenz (wenn nicht nur die bisher berücksichtigte, sondern beide Leistungsarten verglichen würden) sich in entscheidungserheblicher

Weise reduziere *(Kostenausgleich zwischen verschiedenen Leistungsarten).*

d) Eine Variante des vorgenannten Einwandes ist folgendes Vorbringen: Infolge der von ihm in der geprüften Leistungsart verursachten (überhöhten) Kosten habe er der Kasse zwar keine Leistungen nach der Gebührenordnung, aber doch anderweitige Kosten – zB Krankenhauskosten – erspart. *(Ausgleich zwischen gebührenmäßigen und außergebührenmäßigen Kosten).*

e) Hinsichtlich des Vergleichs mit den Ärzten seiner Fachgruppe weise seine Praxis gegenüber den im Vergleich schon berücksichtigten Übereinstimmungen – also gegenüber den insoweit allgemeinen Vergleichskriterien – *Praxisbesonderheiten* auf, die eine Heranziehung anderer Ärzte zur Vergleichsgruppe erforderlich machten.

Es ist unmittelbar einsichtig, daß die beiden erstgenannten Einwendungen (Berechnungsfehler und Nichteinhaltung der Vergleichsmindestbedingungen) ohne Beschränkung und unabhängig davon vorgebracht werden können, in welchem der beiden Unwirtschaftlichkeitsbereiche die Überschreitung liegt.

Zwischen den vorgenannten Einwendungen ist – sowohl aus Gründen der Verfahrensökonomie als auch aus Gründen der Richtigkeit der Entscheidung – genau zu unterscheiden. Der Einwand des Kostenausgleichs zwischen verschiedenen Leistungsarten versucht lediglich der Tatsache Rechnung zu tragen, daß der allgemeine (statistische) Vorteil einer *Verengung* des Leistungsvergleichs auf einzelne Leistungsarten auch einmal den Nachteil haben kann, daß bei einer zwischen verschiedenen Leistungsarten sich bedingenden Abhängigkeit des Leistungsumfangs der Rahmen des Leistungsvergleichs zu eng gezogen wurde, also einer (ausgleichenden) *Erweiterung* bedarf. Und auch beim Einwand des Kostenausgleichs zwischen gebührenmäßigen und außergebührenmäßigen Kosten geht es angesichts der Tatsache, daß die Kostenlast der Kasse nicht nur aus kassenärztlichen Gebührenleistungen besteht, um eine solche Erweiterung des Vergleichs auf Kostenbereiche außerhalb der Gebührenordnungen, wobei dann freilich auf andere Vergleichsmaßstäbe als die an den Gebührenordnungen orientierten Fallkosten zurückzugreifen ist. Dagegen zielt der Einwand der Praxisbesonderheiten immer auf eine Heranziehung anderer Ärzte zur Vergleichsgruppe (sei es direkt oder indirekt durch entsprechende Statistiken). Während beim Einwand des Kostenausgleichs zwischen verschiedenen Leistungsarten der Arzt die Zusammensezung der Gruppe der vergleichbaren Ärzte sowohl hinsichtlich der bereits verglichenen Leistungsart als auch hinsichtlich derjenigen Leistungsart akzeptiert, die er in den Vergleich mit einbezogen haben möchte (– er will doch sagen: die Kosten der Leistungsart X waren bei den Ärzten zwar wesentlich geringer, die der Leistungsart Y aber wesentlich höher als bei mir; ich habe mit dem Zugriff auf eine andere Leistungsart lediglich eine alternative Methode gewählt, sodaß es sich bei den bei mir festgestellten Kosten nur scheinbar um Mehrkosten handelt, was sich aus der weiteren vergleichsweisen Heranziehung gerade dieser Ärzte ergibt –), will er beim Einwand der Praxisbesonderheit eine andere Zusammensetzung der ärztlichen Vergleichsgruppe erreichen, nämlich eine Heranziehung solcher Ärzte, die seine Praxisbesonderheiten ebenfalls aufweisen.

Der Einwand des Kostenausgleichs ist dem Arzt unabhängig davon unverwehrt, ob die Fallkostendifferenz sich im Bereich des Mittelfeldes oder im Bereich des offensichtlichen Mißverhältnisses bewegt. Denn weil die Leistungsart (– beim Kostenausgleich zwischen verschiedenen Leistungsarten –) oder anderweitige Kostenersparnisse (– beim Ausgleich zwischen gebührenmäßigen und außergebührenmäßigen Kosten –) gerade nicht mitverglichen wurde, enthält die statistische Kostendifferenz keinerlei Indiz für das Ausgeschlossensein von ursächlich verbundenen Minderkosten, gleichgültig, wie hoch die festgestellte Differenz ist. Der Arzt, der den Einwand des unterbliebenen Kostenausgleichs erhebt, muß aber näher dartun, um welche unberücksichtigt gebliebene Leistungsart oder sonstige Minderkostenfolge es sich handelt, inwieweit zwischen den festgestellten Mehrkosten und behaupteten Minderkosten ein Bedingungsverhältnis – also eine kausale Abhängigkeit – besteht und aufgrund welcher Erwägungen er davon ausgeht, daß bei Berücksichtigung der behaupteten Minderkosten sich eine wesentliche Reduzierung der Kostendifferenz ergeben kann (vgl BSGE 17, 79, 87).

Diese *Darlegungslast* trägt der Arzt nicht nur deshalb, weil aufgrund der statistischen Betrachtung ein erster Anschein – also eine nicht nur geringe Wahrscheinlichkeit – unwirtschaftlicher Leistungserbringung spricht (BSGE 17, 87), sondern (in einem rechtlich umgreifenderen Sinne) schon deswegen, weil bei dem zwischen den Beteiligten bestehenden Rechtsverhältnis und bei ihrem konkreten Rechtskonflikt

von einer „Verteilung der Aufklärungslast" (vgl BSGE 11, 115), also von einer Zuweisung von Mitwirkungspflichten (§ 103 S 1, zweiter Halbs SGG: „die Beteiligten sind dabei heranzuziehen") auszugehen ist, deren Abgrenzung naturgemäß daran orientiert werden muß, welcher Seite der jeweilige Tatsachenstoff – was seine Zugänglichkeit anlangt – zuzuordnen ist. Aus diesen Gründen ist dem Arzt auch zuzumuten, sein Vorbringen anhand einzelner, konkreter Beispiele zu spezifizieren, und er wird umso mehr Einzelfälle erläutern müssen, je mehr seine Fallkosten die seiner Kollegen übersteigen.
Was die Gleichartigkeit der Praxen anlangt, so wurde oben festgestellt, daß es für die Zulässigkeit der statistischen Vergleichsmethode ausreicht, wenn die Ärzte der Vergleichsgruppe derselben Fachrichtung wie der zu prüfende Arzt angehören und wenn beide Seiten nach ärztlichem Berufsrecht zum Führen derselben Zusatzbezeichnung berechtigt sind (vgl oben Ziff II,1). Das kann aber nicht bedeuten, daß der zu prüfende Arzt mit dem Einwand von Praxisbesonderheiten ausgeschlossen wäre. Indem hier aufgrund eines statistischen Vergleichs der Schluß auf die Unwirtschaftlichkeit für rechtlich zulässig angesehen wird, kommen die Grundsätze des *Anscheinsbeweises* zum Tragen. Dem Anscheinsbeweis liegt die Erkenntnis zugrunde, daß eine Tatsache nach allgemeiner Lebenserfahrung zwar nicht immer, aber doch mit überwiegender Wahrscheinlichkeit mit einer anderen Tatsache derart verknüpft sein kann, daß wir bei der Regulierung unseres Verhaltens ohne konkrete Untersuchung des Zusammenhangs den Schluß von der einen auf die andere Tatsache als gerechtfertigt ansehen, solange dem keine anderen Tatsachen (wahrscheinlichkeitsreduzierend) entgegenstehen. Wo diese Erfahrung auf das Rechtsleben übertragen und ein Beweis des ersten Anscheins für rechtlich zulässig angesehen wird, kann dies also niemals bedeuten, daß der Beweis des Gegenteils prozessual ausgeschlossen ist. Auch dann, wenn bei der Wirtschaftlichkeitsprüfung ein offensichtliches Mißverhältnis vorliegt, ist das nicht der Fall. Das offensichtliche Mißverhältnis rechtfertigt ohne weiteres, in Anwendung der Regeln des Anscheinsbeweises auf das Vorliegen einer Unwirtschaftlichkeit zu schließen; was auf der Kurve steigender Kostendifferenz *vor* dem Bereich des offensichtlichen Mißverhältnisses im Mittelfeld liegt, reicht hierfür noch nicht aus, sondern bedarf, wenn auch nur beispielhafter, so doch konkreter Überprüfungen. Gleichgültig also, ob die Überschreitung im Mittelfeld oder im Bereich des offensichtlichen Mißverhält-

nisses liegt, kann dem Arzt der Einwand der Praxisbesonderheiten nicht verwehrt sein.
Die ihm obliegende Darlegungslast verpflichtet ihn aber auch hier, sowohl die Besonderheit als solche als auch die sich hieraus ergebenden kostensteigernden Umstände konkret zu schildern. Wer also den Einwand erhebt, seine Praxis umfasse einen ungewöhnlich hohen Anteil von Rentnern, die einer kostenaufwendigeren Verordnung bedürften, muß darlegen, (erstens) wie hoch der Rentneranteil in seiner Praxis ist und welche Gründe dafür maßgeblich sind, daß dieser Anteil (– es geht doch um die „Besonderheit" im Vergleich zu den anderen Praxen –) sich vom durchschnittlichen Rentneranteil der Vergleichspraxen abhebt, (zweitens) warum die Tatsache seines erhöhten Rentneranteils zu einer Kostenerhöhung bei der geprüften (in die Kostenberechnung eingegangenen) Leistungsart führt und (drittens) ob der Abstand seines Rentneranteils zu dem durchschnittlichen Rentneranteil der Vergleichsgruppe so groß ist, daß eine ins Gewicht fallende Verringerung der bisher angenommenen Fallkostendifferenz zu seinem Vorteil wahrscheinlich ist.
Einer Einwendung des geprüften Arztes, die – trotz entsprechender Hinweise des Richters – den Anforderungen eines solchen spezifizierten Vorbringens nicht entspricht, braucht vom Gericht nicht nachgegangen zu werden; seine Pflicht, den Sachverhalt zu untersuchen und aufzuklären (§ 103 SGG) setzt dann ebensowenig ein wie die Aufklärungs-Mitwirkungspflicht der Gegenseite. Die Beurteilung der Frage, ob der geprüfte Arzt seine Einwendungen ausreichend spezifiziert hat, ist revisionsrechtlich nur beschränkt überprüfbar. Zwar handelt es sich dort, wo tatsächliche Feststellungen einem Rechtsbegriff zugeordnet bzw nicht-zugeordnet werden, immer auch um „Rechtsfragen" (– jede rechtlich relevante Tatsache ist eben auch Anknüpfungspunkt für die rechtliche Schlußfolgerung; gerade darin liegt doch ihre rechtliche Relevanz, Erheblichkeit, Schlüssigkeit –). Daher ist die Frage, ob eine Prozeßpartei ihrer Darlegungslast genügt hat, nicht allein eine „Tatfrage", sondern auch eine „Rechtsfrage". Dies reicht aber nicht aus, die Beurteilung, ob eine Darlegung genügend konkretisiert sei, als revisionsrechtlich nicht überprüfbar anzusehen. Revisibel sind nur Rechtsnormen (– vgl §§ 162, 202 SGG, § 550 ZPO: „Das Gesetz ist verletzt, wenn eine Rechtsnorm nicht oder nicht richtig angewendet worden ist"). Nicht jede Rechtsfrage in dem obengenannten Sinne weist aber auf das Vorliegen einer Rechtsnorm. Weder

handelt es sich bei den Begriffen Tatfrage/Rechtsfrage um konträre, einander ausschließende Begriffe, noch ist die Frage „Tatfrage oder Rechtsfrage" geeignet, auf die Frage, ob eine Rechtsnorm vorliegt, eine Antwort zu geben. Das *normative* Element wird hier vielmehr allein dadurch charakterisiert, daß die rechtliche Wertung (– also die Präskription, das Vorschreibende, das Sollensmäßige im Gegensatz zur Deskription, dem bloßen Beschreiben von Tatsachen, dem Seinsmäßigen –) etwas Regelhaft-Verallgemeinerndes zum Ausdruck bringt. Nicht die Frage, ob eine Feststellung „Tatfrage" oder „Rechtsfrage" sei, kann daher über die Revisibilität entscheiden, sondern nur die Frage, ob einem Rechtssatz eine *normative* Wirkung zukommt (– die Frage der Revisibilität eines Rechtssatzes läßt sich daher zuverlässig nur dann beantworten, wenn zwischen dem präskriptiven und dem normativen Element eines Rechtssatzes unterschieden wird –). Somit führt nicht schon das Vorliegen eines Rechtssatzes (grundsätzlich) zur Revisibilität, sondern erst das Vorliegen eines über den Einzelfall hinausgehenden richtungsweisenden Rechtssatzes (vgl. Schwinge, Grundlagen des Revisionsrechts, 2. Aufl 1960, S 52, wo auf das Begriffspaar Richtlinienfrage/Einzelfall abgestellt wird). Die Feststellung des Richters, der Kläger habe seiner Darlegungslast genügt bzw nicht genügt, enthält zwar einen Rechtssatz (– „Um die richterliche Untersuchungs- und Aufklärungspflicht auszulösen, reicht *dieses* Vorbringen aus" –). Diesem Rechtssatz kommt aber keine Normativität zu, solange er keine allgemeinen (also auch verallgemeinerungsfähigen, generalisierbaren) Sätze enthält.
Auf der anderen Seite verletzt das Tatsachengericht aber doch eine Verfahrensvorschrift, wenn es seiner Untersuchungs- und Aufklärungspflicht (§ 103 SGG) nicht nachkommt. Ein solcher Verfahrensmangel ist aber nur dann gegeben, wenn sich das Tatsachengericht hätte gedrängt fühlen müssen, weitere Ermittlungen anzustellen (BSGE 40, 50; SozR 1500 § 160a Nr 10), wenn sich ihm die Notwendigkeit einer weiteren Aufklärung also hätte aufdrängen müssen (BVerwG 49, 89, 95). Die Feststellung des Tatsachengerichts, der geprüfte Arzt habe seine Einwendungen nicht genügend spezifiziert, ist demnach nur dann als wesentlicher Verfahrensmangel anzusehen, wenn ganz offensichtlich das Gegenteil zutrifft, die Spezifizierung also deutlich erkennbar ausreicht; ist es bloß zweifelhaft, ob nicht doch genügend spezifiziert worden sei, so liegt insoweit kein wesentlicher Verfahrensmangel vor. Erscheinen dem Richter die vom Arzt

vorgebrachten Einwendungen nicht ausreichend spezifiziert, so ist er verpflichtet, den Arzt hierüber aufzuklären und auf eine Ergänzung hinzuwirken (§ 106 Abs 1 SGG). Die Verletzung dieser Pflicht stellt einen Verfahrensmangel dar, der mit der Revision angefochten werden kann (vgl § 160 Abs 2 Ziff 3 SGG; § 202 SGG, § 559 Abs 2 S 2 ZPO).

Sind die Einwendungen des Arztes schlüssig (dh: sind sie, ihre Richtigkeit unterstellt, geeignet, unter Anwendung des Grundsatzes der Wirtschaftlichkeit der Behandlungs- und Verordnungsweise auf geringere als die festgestellten Mehrkosten zu schließen) und sind sie auch ausreichend spezifiziert, werden die sodann erforderlichen Tatsachenfeststellungen des Gerichts, soweit es um statistische Fragen geht, wohl weitgehend durch das den Kassenärztlichen Vereinigungen zur Verfügung stehende Berechnungs- und Vergleichspotential getroffen werden können. Bei anderen Fragen, wie etwa der, ob die Kostensteigerung innerhalb einer Leistungsart eine Kostenminderung innerhalb einer anderen Leistungsart im Gefolge hatte, ob also die mit einer Kostensteigerung verbundene medizinische Methode als Bedingung der (behaupteten) Kostenminderung zu gelten hat, wird das Gericht dagegen, wenn das Erfahrungswissen der ehrenamtlichen Richter nicht ausreicht, oft nicht ohne einen medizinischen Sachverständigen auskommen.

D. Die Feststellung des rechtswidrig verursachten Mehrbetrages an Honorar und Kosten

Steht anhand der vorgenannten Kriterien fest, daß der Arzt unwirtschaftlich behandelt bzw verordnet hat, so haben wir damit zwar eine Übersicht über die Fallkostendifferenz (– von deren Höhe diese Feststellung doch gerade abhängt –), nicht aber über den Umfang des (durch die unwirtschaftlichen Leistungen verursachten) Honorar- bzw Kostenmehrbetrages. Letzteres festzustellen ist die Aufgabe der zweiten Prüfungsstufe. Die Verwaltung ist verpflichtet, den Mehrbetrag zu benennen. Wird vom Arzt keine Einwendung des Kostenausgleichs bzw der Praxisbesonderheiten erhoben oder dringt er damit nicht durch, so errechnet sich dieser Umfang regelmäßig aus der Gegenüberstellung der durchschnittlichen Fallkosten der bisherigen Vergleichsgruppe und derjenigen des Arztes (zB: die durchschnittlichen Fallkosten des Arztes betragen 3 DM, die der Vergleichsgruppe 1 DM; der Mehrbetrag ergibt sich daher aus der Multiplikation der Differenz von 2 DM mit der Zahl seiner Patienten, anhand derer die Durchschnittszahl berechnet wurde), wobei natürlich sowohl die Differenz zwischen der gebührenmäßigen Leistung des Arztes einerseits und seinem realen Anteil an der Gesamtvergütung (§ 368f Abs. 1 RVO) andererseits als auch die auf den normalen Streubereich entfallenden Mehrkosten in Abzug kommen. Aber auch in den übrigen Fällen – bei erfolgreichen Einwendungen – läßt sich die Umfangsberechnung auf dieses Grundmuster zurückführen: Leistungen und Ersparnisse des Arztes werden mit denen anderer Ärzte verglichen, gleichgültig, ob es sich hierbei um den alleinigen und ausschließlichen Vergleich mit einer festumrissenen Gruppe handelt oder weitergehende statistische Feststellungen in den Vergleich mit eingegangen sind (z. B.: Der Kläger hat einen doppelt so hohen Rentneranteil wie der durchschnittliche Anteil seiner Fachkollegen. Auf seinen Einwand, Rentner verursachten höhere Verordnungskosten, legt die Gegenseite eine Statistik vor, aus der sich ergibt, daß der Kläger bei diesem Vergleich zwar nicht mehr um 100%, sondern nur noch um 50%

über den Rentnerverordnungskosten der in dieser Hinsicht vergleichbaren Praxen, die also einen ebenso hohen Rentneranteil haben, liege. Hier ist also auf dem Umweg über eine spezielle Statistik die Umfangsberechnung möglich. Oder: Der Kläger trägt spezifiziert vor, die erhöhten Kosten würden ausgeglichen durch verminderte Krankenhauseinweisungen; hier bedürfte es der Erhebung und Verwertung von Statistiken darüber, wieviel Krankenhauseinweisungen eine vergleichbare Ärztegruppe aufweist, wieviel Kosten diese Krankenhauseinweisungen pro Patienten verursachen und wieviel Kosten weniger demzufolge der Kläger verursacht hat). Mit zunehmender Datenerfassung wird es den Kassenärztlichen Vereinigungen weitgehend möglich sein, diese Umfangsberechnungen zu erstellen, die, entsprechend ihrer Ableitung aus bloß statistischen Ergebnissen, natürlich nur annähernde Zahlengrößen darstellen. Wo eine solche (statistische) Berechnung aber nicht möglich oder mit unverhältnismäßigem Aufwand verbunden ist, können die Prüfungsgremien den Mehraufwand im Wege der *Schätzung* ermitteln (vgl § 287 Abs 2 ZPO; Hendel, Ressourcenknappheit und Rechtsgewährung, Deutsche Richterzeitung, 1980, S 376ff). Das BSG hat die Zulässigkeit dieser Schätzung ausdrücklich anerkannt (BSGE 11, 102, 114ff; 46, 136, 138; BSG Urteil vom 9.6.1982, Az 6 RKa 1/81). Da die Prüfungsgremien ihren Bescheid begründen müssen (§ 35 SGB X – Verwaltungsverfahren –; § 85 Abs 3 SGG; § 368n Abs 5 S 6 RVO), dh „die wesentlichen tatsächlichen und rechtlichen Gründe mitzuteilen" haben, gilt dies auch hinsichtlich der Ermittlung des Mehrbetrages. Demnach sind auch die tragenden Gründe einer Schätzung anzugeben. Ist dies unterblieben, ist der wegen dieses Formfehlers rechtswidrige Verwaltungsakt aufzuheben (§§ 35, 39ff SGB X; § 54 Abs 1, Abs 2 S 1 SGG; vgl BSGE 11, 102, 119). Der Verwaltung bleibt bei einer solchen Schätzung ein *Beurteilungsspielraum* derart, daß die Gerichte nur überprüfen können, ob sie – die Verwaltung – von falschen Tatsachen ausgegangen ist, allgemeine Erfahrungssätze verletzt hat oder sich von sachfremden Erwägungen hat leiten lassen (BSGE 11, 102, 118 mit weiteren Nachweisen). Innerhalb dieses Beurteilungsspielraums steht der Verwaltung somit ein Letztentscheidungsrecht für den konkreten Einzelfall zu. Revisionsrechtlich kann darüberhinaus noch eine weitere Schranke der Überprüfbarkeit gesetzt sein. Wurden bei der Schätzung *allgemeine* Erfahrungssätze mißachtet oder sachfremde Erwägungen angestellt, so haben solche Verstöße zwar immer auch eine regelhaft-rechtsgrundsätzliche Bedeutung, so daß insoweit auch eine Revisibilität besteht. Das ist aber nicht *zwingend* dann der Fall, wenn die Verwaltung von falschen Tatsachen ausgegangen ist (– zur Rechtsgrundsätzlichkeit des tatsachenrichterlichen Verstoßes bei der Schadensfeststellung nach § 287 ZPO als Voraussetzung der Revisibilität vgl Schwinge, Grundlagen des Revisionsrechts, 2. Auflage 1960, S 153f –).

E. Die Festlegung des Honorarkürzungs- und Schadensersatzbetrages

Nach § 17 Ziffer 4 EKV hat die Prüfungskommission bei unwirtschaftlicher Verordnungsweise „festzulegen, in welcher Höhe der Vertragsarzt den Vertragskassen Schadensersatz zu leisten hat". Ist die Kommission zu dem Ergebnis gekommen, daß der Arzt, dessen Überprüfung der Verband der Angestellten-Krankenkassen nach § 17 Ziffer 1 EKV beantragt hat, durch seine Verordnungsweise einen Mehrbetrag (unter Verletzung der ihm als Vertragsarzt obliegenden Sorgfaltspflichten) verursacht, der Kasse also einen Schaden zugefügt hat, dann ist sie grundsätzlich auch zu der Feststellung verpflichtet, daß der Arzt Schadensersatz (in bestimmter Höhe) zu leisten hat. Es liegt daher nicht im Kann- (= Handlungs-)Ermessen der Kommission, ob sie eine Schadensersatzverpflichtung des geprüften Arztes aussprechen will oder nicht; denn es wird ihr nicht eingeräumt, dies rechtlich zu dürfen, aber nicht zu müssen. Das ergibt sich schon daraus, daß die Kommission nicht über einen Anspruch ihrer Kassenärztlichen Vereinigung entscheidet, sondern über einen Anspruch der Kasse, die durch die Entscheidung in ihren Rechten verletzt sein kann und der beim Vorliegen einer Beschwer eine eigene Klagebefugnis (– als öffentlichrechtliche Körperschaft freilich nicht in der Form der Anfechtungsklage gegen einen Verwaltungsakt –) zuzusprechen ist. Auch wenn dieser Ausschluß eines Handlungsermessens sich aus dem bloßen Wortlaut des § 34 Abs 1 Ziffer d des Bundesmantelvertrages noch weniger ergibt als aus dem des § 17 EKV, so hat er aus den genannten Gründen doch auch für die Schadensersatzfeststellungen im Bereich der sogenannten RVO-Kassen (– gesetzliche Krankenkassen im engeren Sinne –) zu gelten. Ein solches Kann-Ermessen steht den Prüfungsgremien aber auch bei der Honorarkürzung nicht zu. Denn diese Gremien sind weder nach ihrer institutionellen noch nach ihrer materiellen Aufgabenstellung berechtigt, über entsprechende Ansprüche und Honorargelder zu verfügen. Jedoch haben sie einen Ermessensspielraum insoweit, als es um die Festlegung der Höhe des Honorarkürzungs- und Schadensersatzbetrages geht. Indem den Prüfungsgremien einerseits kein echtes Kann-Ermessen für die Festsetzung des Kürzungs- bzw Schadensersatzbetrages zusteht, sie aber doch einen Spielraum hinsichtlich der Höhe haben, ist es ihnen zwar erlaubt, aufgrund ermessensfehlerfreier Erwägungen zur *Höhe* zu einem Kürzungs- bzw Schadensersatzbetrag von Null zu kommen, nicht aber ist es ihnen rechtlich gestattet, von einer Kürzung bzw einem Schadensersatz schlechthin abzusehen. Die Pflicht zur Feststellung des verursachten Mehrbetrages einerseits und das Fehlen eines freien Handlungsermessens bei der Festlegung des Kürzungs- bzw Schadensersatzbetrages andererseits läuft darauf hinaus, daß die Prüfungsgremien bei dieser Festlegung jede Unterschreitung des Mehrbetrages zu begründen haben. Nur so dürfte es auch möglich sein, den Grundsatz der Gleichbehandlung zu beachten, der es verbietet, den verursachten Mehrbetrag ohne sachliche Gründe im einen Fall wesentlich mehr zu unterschreiten als im anderen Fall. Das den Prüfungsgremien zustehende Ermessen bei der Festlegung des Kürzungs- bzw Schadensersatzbetrages gibt ihnen beispielsweise bei der genannten Festlegung die Möglichkeit dann, wenn der Arzt neu zur Kassenpraxis zugelassen oder an der vertragsärztlichen Tätigkeit beteiligt worden ist, den verursachten Mehrbetrag um einen nach pflichtgemäßem Ermessen erwogenen Prozentsatz zu unterschreiten oder im Einzelfall gar ganz von einer Kürzung bzw einer Schadensersatzverpflichtung abzusehen; soweit die ärztlichen Leistungen aber *offensichtlich* unwirtschaftlich waren, hat diese Möglichkeit auszuscheiden (vgl BSGE 46, 145).

Ebenso wie bei der Schätzung des Mehrbetrages sind die Gerichte auch hier nur insoweit zu einer Letztentscheidung berechtigt, als das Prüfungsgremium von falschen Tatsachen ausgegangen ist, allgemeine Erfahrungssätze verletzt hat oder sich von sachfremden Erwägungen hat leiten lassen. Auch zur Frage der Revisibilität wird auf die oben (– unter D –) gemachten Ausführungen verwiesen.

F. Zusammenfassung der Rechtssätze

Die obigen Ausführungen enthalten folgende allgemeinen Rechtssätze:

I. Honorarkürzung und Schadensersatz

1. Dem Kassenarzt (Vertragsarzt) steht eine Vergütung nicht zu, soweit seine Leistungen unwirtschaftlich waren.
2. Der Kassenarzt (Vertragsarzt) ist zum Ersatz des Schadens verpflichtet, den er der Kasse schuldhaft durch eine unwirtschaftliche Verordnung zugefügt hat.
3. Die Beweislast für die Unwirtschaftlichkeit seiner Leistungen trägt die Verwaltung.
4. Der unbestimmte Rechtsbegriff „Unwirtschaftlichkeit" unterliegt der vollen gerichtlichen Nachprüfung (iS gerichtlicher Letztentscheidung im konkreten Einzelfall).

II. Statistischer Vergleich

Die Methode des statistischen Vergleichs ist als Ausgangsverfahren einer Honorarkürzung bzw der Geltendmachung eines Schadensersatzanspruches wegen unwirtschaftlicher Behandlungs- bzw Verordnungsweise rechtlich dann zulässig, wenn Sparten von in sich gleichartigen Leistungen des zu prüfenden Arztes ebensolchen Leistungssparten einer statistisch hinreichenden Anzahl solcher Ärzte (zwecks Errechnung der Fallkostendifferenz) gegenübergestellt werden, die demselben Fachgebiet wie der zu prüfende Arzt angehören und die nach ärztlichem Berufsrecht ebenso wie er zum Führen derselben, eine besondere Behandlungsmethode ausweisenden Zusatzbezeichnung berechtigt sind.

III. Schluß auf die Unwirtschaftlichkeit

1. Überschreitet der zu prüfende Arzt die durchschnittlichen Fallkosten der vergleichbaren Ärztegruppe in einem Ausmaß, das einem offensichtlichen Mißverhältnis gleichkommt, so rechtfertigt dies den Schluß auf eine unwirtschaftliche Behandlungs- und Verordnungsweise.
2. Liegt die Überschreitung unterhalb des Bereichs des offensichtlichen Mißverhältnisses, so kann allein aufgrund der Fallkostendifferenz noch nicht auf eine Unwirtschaftlichkeit geschlossen werden.
   Dieser Schluß ist hier nur dann gerechtfertigt, wenn anhand einer ausreichenden Zahl von Einzelbeispielen der Nachweis der Unwirtschaftlichkeit erhärtet wird.
   Je mehr sich die Überschreitung dem Bereich einer noch in der Norm liegenden Streuung nähert, desto stärker muß, um hier den Schluß auf die Unwirtschaftlichkeit zu rechtfertigen, der Beweiswert der zusätzlichen Einzelbeispiele auf eine Unwirtschaftlichkeit hinweisen.
3. Bei einer Überschreitung der durchschnittlichen Fallkosten, die noch im Bereich normaler Streuung liegt, ist der Schluß auf eine Unwirtschaftlichkeit nicht gerechtfertigt. Sie kann hier nur am konkreten Behandlungs- bzw Verordnungsfall nachgewiesen werden.

IV. Einwendungen des Arztes

1. Mit dem ersten Schluß auf die Unwirtschaftlichkeit ist nur der Beweis des ersten Anscheins erbracht. Dem Arzt sind dadurch keinerlei Einwendungen abgeschnitten.
2. Der Arzt, der den Einwand des unterbliebenen Kostenausgleichs erhebt, muß näher darlegen, um welche unberücksichtigt gebliebene Leistungsart oder sonstige Minderkostenfolge es sich handelt, inwieweit zwischen den festgestellten Mehrkosten und behaupteten Minderkosten ein Bedingungsverhältnis besteht und wieso die Berücksichtigung der behaupteten Minderkosten eine wesentliche Reduzierung der Kostendifferenz wahrscheinlich macht. Er muß sein Vorbringen anhand konkreter Einzelfälle in umso mehr Beispielen erläutern, je höher seine Fallkostendifferenz ist.
3. Der Arzt, der den Einwand der Praxisbesonderheit erhebt, muß näher darlegen, um welche Besonderheit es sich handelt, welche kostensteigernden Umstände sich daraus ergeben und wieso ein

anderweitiger Praxenvergleich eine wesentliche Reduzierung der Kostendifferenz wahrscheinlich macht.

4. Einer Einwendung des geprüften Arztes, die – trotz entsprechender gerichtlicher Hinweise – den Anforderungen einer spezifizierten Darlegung nicht entspricht, braucht vom Gericht nicht nachgegangen zu werden; seine Pflicht, den Sachverhalt zu untersuchen und aufzuklären, setzt dann ebensowenig ein wie die Aufklärungs-Mitwirkungspflicht der Gegenseite.
5. Die Feststellung des Tatsachengerichts, der geprüfte Arzt habe seine Einwendungen nicht genügend spezifiziert, ist nur dann als wesentlicher Verfahrensmangel anzusehen, wenn ganz offensichtlich das Gegenteil zutrifft, die Spezifizierung also deutlich erkennbar ausreicht; ist es bloß zweifelhaft, ob nicht doch genügend spezifiziert worden sei, so liegt kein wesentlicher Verfahrensmangel vor.
6. Erscheinen dem Richter die vom Arzt vorgebrachten Einwendungen nicht ausreichend spezifiziert, so ist er verpflichtet, den Arzt hierüber aufzuklären und auf eine Ergänzung hinzuwirken.
   Die Verletzung dieser Pflicht stellt einen Verfahrensmangel dar, der mit der Revision angefochten werden kann.

V. Feststellungen des Mehrbetrages

1. Die Verwaltung ist verpflichtet, den vom Arzt verursachten Mehrbetrag zu benennen.
2. Der vom Arzt verursachte Mehrbetrag kann im Wege der Schätzung ermittelt werden, wenn eine statistische Berechnung nicht möglich oder mit unverhältnismäßigem Aufwand verbunden ist.
3. In der Entscheidung sind die tragenden Gründe der Schätzung anzugeben; anderenfalls ist der wegen dieses Formfehlers rechtswidrige Verwaltungsakt aufzuheben.
4. Der Verwaltung bleibt bei der Schätzung des Mehrbetrages ein Beurteilungsspielraum derart, daß die Gerichte nur überprüfen können, ob die Verwaltung von falschen Tatsachen ausgegangen ist, allgemeine Erfahrungssätze verletzt hat oder sich von sachfremden Erwägungen hat leiten lassen.

VI. Festlegung des Honorarkürzungs- und Schadensersatzbetrages

1. Es liegt nicht im Kann-Ermessen der Prüfungsgremien, ob sie eine Honorarkürzung vornehmen bzw eine Schadensersatzverpflichtung aussprechen wollen.

2. Die Prüfungsgremien haben einen Ermessensspielraum insoweit, als es um die Festlegung der Höhe des Honorarkürzungs- und Schadensersatzbetrages geht. Dabei haben sie jedoch jede Unterschreitung des Mehrbetrages zu begründen. Im übrigen können die Gerichte nur überprüfen, ob die Prüfungsgremien von falschen Tatsachen ausgegangen sind, allgemeine Erfahrungssätze verletzt haben oder sich von sachfremden Erwägungen haben leiten lassen.

GPSR Compliance

The European Union's (EU) General Product Safety Regulation (GPSR) is a set of rules that requires consumer products to be safe and our obligations to ensure this.

If you have any concerns about our products, you can contact us on ProductSafety@springernature.com

In case Publisher is established outside the EU, the EU authorized representative is:

Springer Nature Customer Service Center GmbH
Europaplatz 3
69115 Heidelberg, Germany

Batch number: 10844827

Printed by Printforce, the Netherlands